AF227166

RÉPONSE

D'UN

FRANÇAIS

AU

PLÉBISCITE IMPÉRIAL

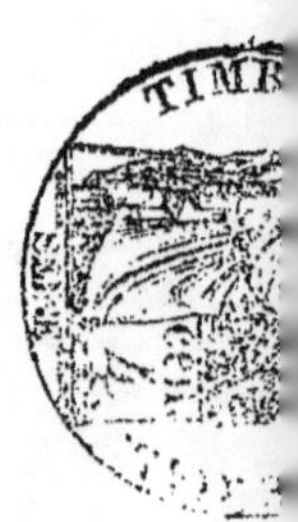

RÉPONSE

D'UN

FRANÇAIS

AU

PLÉBISCITE IMPÉRIAL

PAR J. BINET

> La République est le gouvernement
> de la raison : c'est l'ordre.
>
> La monarchie est le gouvernement
> des priviléges et des abus : c'est le
> désorde.

———

PARIS

IMPRIMERIE DUBUISSON & Ce

RUE COQ-HÉRON, 5

—

1870

INTRODUCTION

Jamais je ne me suis occupé de politique (d'une manière ostensible du moins), excepté dans deux circonstances : la première, lorsqu'en 1848 j'entraînai au scrutin le bataillon de garde nationale que je commandais pour voter en faveur de Louis-Napoléon (*que Dieu veuille bien me pardonner cette funeste erreur!*) ; la deuxième, en 1867, lorsque je fis une brochure sur les effets désastreux de la guerre.

Ce n'est pas que je prétende qu'il ne faille pas s'en occuper à l'occasion ; tout au contraire, parce que l'indifférence en cette manière est une faute grave. La politique est l'intérêt général d'un peuple, et, par conséquent, l'intérêt particulier des individus. Si nous avions vécu davantage de la vie publique pendant la période impériale qui vient de s'écouler, il est à croire que les malheurs individuels ou collectifs que nous avons essuyés ne seraient pas arrivés. A une autre époque, la nation, plongée dans une apathie profonde, se laissait massacrer pendant quinze ans sur les champs de bataille de l'Europe.

Sans citer d'autres exemples, dont l'histoire fourmille, à eux seuls, ceux-là suffiraient pour condamner l'indifférence en matière politique. Il faut donc, quand l'occasion s'en présente, affirmer hautement et hardiment son opinion personnelle, sans forfanterie comme sans faiblesse, en suivant les inspirations de notre conscience et en nous éclairant réciproquement.

C'est là l'objet et le but de ma brochure. J'ose espérer que, comme en 1867, j'aurai l'approbation de l'opinion publique ; du reste, pas plus aujourd'hui qu'alors, je ne suis mû par aucun sentiment d'intérêt personnel : ma position est indépendante et suffit largement à mes besoins.

RÉPONSE

D'UN

FRANÇAIS

AU

PLÉBISCITE IMPÉRIAL

CONCITOYENS !

*L'Empire de 1852 juge à propos de vous de-
mander un vote de confiance : il importe, pour
vous prononcer en connaissance de cause, d'exa-
miner sa gestion, et de savoir si, mandataire du
peuple, comme il le dit, il a bien tenu les intérêts
qui lui ont été confiés.*

EXAMINONS :

Je ne suis pas de ceux qui viennent douter de la sincérité du
vote de 1852. En admettant, ce qui est vrai, qu'il y ait eu des faits
d'intimidation réels, il est hors de conteste qu'une grande partie
des populations rurales a acclamé l'empire pour différentes causes,

mais surtout en souvenir de la gloire de Napoléon Ier. Jamais gouvernement ne débuta sous de plus brillants auspices : les partis étaient morts ou agonisants, le commerce et l'industrie prenaient un essor extraordinaire, les chemins de fer, rapprochant les pays de production des pays de consommation, facilitaient aux campagnes l'écoulement de leurs produits, la prospérité était générale, tout le monde, à peu d'exceptions près, faisait ses affaires et paraissait satisfait.

Mais les arts de la paix ne conviennent pas aux souverains absolus qui portent l'habit de général : leur rôle est trop effacé; il leur faut des occasions de parade et des revues, il faut des tambours battant aux champs, le bruit des fanfares et les acclamations des soldats : et pour cela, il faut se rendre nécessaire, réveiller le chauvinisme endormi des peuples, et produire l'antagonisme en excitant l'orgueil national, alors on augmente le contingent militaire, et l'on va répandre le sang français dans les champs de la Russie, de l'Italie ou du Mexique.

C'est au nom de l'honneur du drapeau, de la grandeur de la patrie, que l'on va assassiner son semblable que l'on ne connaît pas, et avec lequel l'on aimerait plutôt à fraterniser si l'on suivait ses inspirations personnelles.

Malgré le fameux discours de Bordeaux, qui n'a jamais été qu'un leurre, la guerre a toujours été l'idée fixe du second empire; il y avait plusieurs raisons pour cela : famille oblige, et un Napoléon ne pouvait pas impunément se laisser marcher sur le pied. Puis, pendant 18 ans, les journaux de l'opposition n'avaient-ils pas fulminé contre Louis-Philippe parce qu'il avait trop aimé la paix ; ces deux causes ridicules ont coûté à la France des centaines de mille hommes (*la fleur de la génération*) et des millions de francs. Le neveu, plagiaire de son oncle, a voulu tenir à son tour le drapeau d'Austerlitz, et cette parodie a fait couler des flots de sang humain.

O Béranger ! ô historiens du Consulat et de l'Empire ! vous fûtes bien coupables quand, par vos chants et vos récits tronqués, vous avez égaré notre imagination et notre raison. Mais en stigmatisant la parodie, je lui donnerais cependant encore la préférence sur la pièce; car Napoléon Ier, ce grand destructeur, a fait tuer par le fer et par le canon plus de trois millions d'hommes, et son successeur n'arrivera jamais là quoi qu'il arrive, parce que les peuples comprennent aujourd'hui la solidarité d'intérêts qui existe entre eux, et que leur union les débarassera un jour des conquérants et des despotes qui font de leurs sujets de la chair à canon pour la satisfaction de leur ambition effrénée.

J'ai encore dans la mémoire les chants napoléoniens dont on a bercé mon enfance : *Les Souvenirs du Peuple* notamment, que je connais encore par cœur malgré 40 ans d'écoulés. Quand je me rappelle ces paroles menteuses, mon indignation contre Béranger est extrême, et je me demande comment l'on peut se tromper à ce point et tromper aussi grossièrement les autres; car, sans rappeler en détail les fautes énormes du chef de la dynastie impériale, j'en suis venu à conclure :

1° Qu'en faisant exterminer sur les champs de bataille les plus beaux hommes de la France et de l'Europe, il est cause du dépérissement de la race humaine; et que nous, le produit des réformés ou des échappés de Waterloo, nous sommes par rapport à nos aïeux dégénérés, physiquement, dans une proportion frappante.

2° Que par son attentat à la souveraineté nationale dans la journée du 18 Brumaire, il a assumé sur sa tête la responsabilité de tous les malheurs qui ont pesé sur la France depuis cette époque néfaste. Invasion de 1814, invasion de 1815, Révolutions de Juillet et de 1848, coup d'Etat du 2 Décembre 1851, Révolutions passées, Révolutions futures (si nous avons le malheur d'en avoir). C'est à vous à qui nous les devons, ô grand destructeur d'hommes! ô fléau de l'humanité! et l'inflexible histoire vous jugera comme vous le méritez en vous marquant au front d'un sceau ineffaçable.

Cette disgression sur Napoléon Ier, à propos du plébiscite, n'est pas inopportune, et à sa raison d'être en ce sens que l'empereur

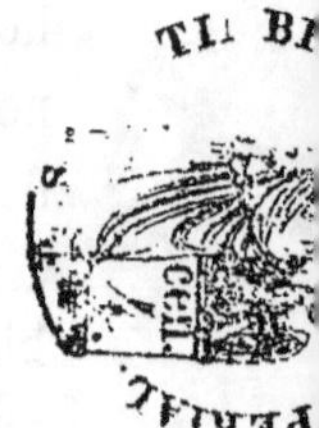

actuel s'inspire surtout des traditions impériales, et que la partie intelligente de la génération nouvelle, qui connaît l'histoire, repousse ces traditions de la manière la plus énergique. Il faut donc dire à la portion du peuple qui ne le sait pas : que l'Empire n'est pas la paix; que l'Empire, c'est la guerre. C'est la guerre, parce que malgré tous les avertissements de la presse et de la tribune, il continue à prendre les jeunes gens à la charrue et à l'atelier pour en faire des soldats; que ce sont autant de bras d'enlevés à la production, autant de maris d'enlevés à leurs femmes; que l'état militaire encourage la prostitution ou le dérèglement des mœurs, en ce sens qu'il détruit l'harmonie de la nature, puisqu'il n'y a plus autant d'hommes que de femmes, et que la jeune fille qui a perdu son fiancé ne tient plus au sol natal et s'en va de son pays. Considérations morales et philosophiques, considérations du bon sens et de la raison, considérations de toutes sortes qui sautent aux yeux du commun des mortels, et qui sont aussi visibles que le soleil, les Rois et les Empereurs ne veulent pas les voir, parce que diminuer ou supprimer le militarisme, c'est diminuer ou supprimer leur importance. On juge des grandes choses souvent par les petites. Pourquoi le chef de l'Etat a-t-il un uniforme? pourquoi ce morceau de fer au côté et cet habit galonné sur toutes les coutures? pourquoi enfin ce chapeau à plumes? L'uniforme est un emblème, il a sa signification : il veut dire militaire ; et le mot militaire signifie guerre, *c'est-à-dire destruction.*

Pour moi, j'aurais certainement autant de respect pour le Président des États-Unis, qui est toujours en paletot ou en habit noir, que s'il portait sur lui un brillant uniforme. A l'inverse de l'habit militaire, son costume signifie Paix et Production.

En parlant des Etats-Unis, je pense à Washington, et je ne puis écrire ce nom illustre sans éprouver une émotion profonde; ce nom résume à lui seul toutes les vertus : le désintéressement, l'abnégation, la grandeur d'âme. Élu trois fois président de la République américaine qu'il avait fondée, il fit le bonheur de son pays et emporta dans la tombe l'admiration de ses concitoyens. « Monsieur, écrivait-il à un général de son armée qui lui proposait de le faire proclamer roi ou empereur par ses soldats, me prenez-vous pour un malhonnête homme ! » paroles sublimes, et qui à elles seules révèlent l'homme tout entier. Un Washington en France, il trouvera des imitateurs en Europe, et nous en aurons fini à tout jamais avec la guerre civile et la guerre étrangère.

Quand le temps aura marché et que le progrès aura détruit les abus, les préjugés et la routine ; quand l'instruction sera répandue et que les hommes comprendront bien leurs droits et leurs devoirs, nous aurons véritablement l'ordre, parce qu'il reposera sur l'équité et la justice ; *mais tant que ces deux mots ne seront pas une vérité,* tant que les intérêts ne seront pas sagement équilibrés suivant l'aptitude et l'intelligence de chacun, il y aura anarchie, confusion et désordre dans la société.

Homme de commerce, et par conséquent homme d'ordre, je n'ai pas intérêt aux changements violents ; mes amis, qui sont presque tous dans les affaires, partagent ces sentiments, mais distinguons : ce n'est pas l'ordre que l'état transitoire dans lequel nous sommes et qui menace de se perpétuer. A part quelques changements dans les personnes qui ont promis beaucoup et qui ne tiennent guère, il y a *impuissance* de bien faire dans les hommes qui nous gouvernent ou *mauvaise* volonté ; où sont les abus renversés ? où sont les réformes accomplies depuis que les électeurs ont parlé ? Il n'y a rien de fait ; nous sommes toujours dans le *statu quo*. Au lieu de fermer la bouche à l'opposition, on dirait que vous vous ingéniez à lui ouvrir les lèvres.

Aux exagérations des réunions publiques qui demandent l'impossible, vous ne faites seulement pas le nécessaire, de sorte que, quand le dénouement viendra, ce sera une catastrophe. Ah ! catastrophe, ce mot fait trembler, car il signifie Révolution ; et la Révolution, c'est la misère et la ruine pour tout le monde ; du jour où la Révolution arrive, vous avez deux cent mille ouvriers sur le pavé qui demandent du pain faute d'ouvrage. Ah ! gouvernement sans contrôle, vous récoltez ce que vous avez semé, car si vous aviez surveillé Haussmann, nous n'aurions pas aujourd'hui devant nous cette effroyable perspective.

Quoique Paris ne veuille pas de Révolution, gouvernement impérial, sa population ne vous donnera pas un vote de confiance, parce que vous avez mal géré ses intérêts et ceux de la France entière, parce que votre diminution sur le contingent militaire est dérisoire et que vous voulez faire d'un peuple intelligent et travailleur un peuple de chauvins et de traîneurs de sabres, parce qu'enfin vous aimez les abus et que nous n'en voulons pas.

Ah! votre tâche était cependant bien belle et bien facile si vous aviez eu dans les veines un peu du sang de Washington, dont le nom retentira à travers les siècles comme un des plus grands bienfaiteurs de l'humanité, tandis que le nom de Napoléon produira le retentissement contraire.

Instruction gratuite et obligatoire.

Diminution de moitié dans les droits d'octroi, en attendant leur extinction entière et prochaine.

Diminution des impôts.

Suppression du cumul et des gros traitements.

Augmentation du salaire des petits employés dans toutes les administrations dépendant des villes où de l'Etat.

Augmentation du budget de l'Instruction publique et, par conséquent, du traitement des instituteurs et des institutrices, dont la modicité est vraiment une dérision.

Réformes dans la justice et dans la magistrature.

Les maires nommés par le conseil municipal.

Le jury appliqué à tous les crimes et délits.

Rétablissement provisoire de la garde nationale.

Interdiction formelle au chef du pouvoir exécutif de déclarer |la guerre sans le consentement des chambres.

Abolition du timbre et du cautionnement sur les journaux et écrits périodiques.

Certes nos aspirations et nos désirs vont plus loin ; mais on ne reconstruit pas un édifice tout entier en un jour, et ce programme réalise seulement les réformes les plus utiles et les plus nécessaires, celles enfin qui pressent le plus et qui peuvent permettre d'en attendre patiemment d'autres. Ce n'est pas l'exagération que ce programme. En l'appliquant, vous imposez silence à l'utopie, vous la désarçonnez, et les déclamations d'esprits plutôt égarés que malhonnêtes contre le capital et la propriété deviennent complétement stériles et ne trouvent pas d'écho chez l'ouvrier. Mais faites quelque chose pour l'ouvrier : dans vos proclamations ces mots, sollicitude pour les ouvriers, se retrouvent souvent, mais ce ne sont que des mots, car jamais la cherté des loyers et des subsistances n'a été si élevé que sous votre règne, c'est Haussmann qui en est la cause, mais comme vous êtes responsable et que vous le dites même très-haut, c'est à vous, ô majesté, a qui nous devons nous en prendre, car votre responsabilité pour être logique doit tout couvrir, le mal comme le bien.

C'est comme le reculement des barrières en 1860. Pourquoi ce reculement s'il vous plaît? Où en était la nécessité? C'était pour que l'histoire dise un jour que ce fait s'est accompli sous Napoléon III, comme autrefois sous Philippe-Auguste et Louis XIV. Ainsi, pour une pensée d'amour-propre, et pour augmenter les recettés de la ville, *qui ont été si bien employées*, vous avez privé une pauvre famille non-seulement d'une distraction le dimanche, mais aussi de quelques économies sur sa nourriture. Votre sollicitude n'a donc jamais existé qu'en paroles, *et jamais en action*.

Empire de 1852, ne vous y méprenez pas, ce n'est pas par amour pour vous que nous ne voulons pas de révolution; vous nous avez fait trop de mal pour cela, à presque tous collectivement ou individuellement, soit d'une façon, soit de l'autre, mais nous aimons mieux que vous mourriez de votre belle mort que de mort violente, parce que, dans ce cas, il y aurait lutte et que notre victoire occasionnerait du sang versé que nous ne voulons pas répandre. Vos soldats sont nos frères, et notre premier devoir, quand vous ne vivrez plus, sera de leur donner la clef des champs, tout en respectant, bien entendu, les droits de ceux qui resteront. Et puis il faudra bien qu'en France comme aux Etats-Unis on s'habitue à changer de chef d'état sans que les intérêts de personne en souffre. Avec les institutions de l'avenir, dans une circonstance pareille, *il y aura seulement mutation*, et les valeurs mobilières et immobilières ne baisseront pas d'un centime, Johnson remplacera Lincoln *et tout sera dit*. Nous aurons alors véritablement l'ordre qu'aucun prétendant ne pourra troubler, car la démocratie réunissant dans son ensemble tous les partis, les prétendants, quel que soit le nom qu'ils portent, n'auraient aucune chance de réussite et seraient des chefs sans soldats. Il y aura du reste des lois sévères contre les conspirateurs du repos public.

J'ai parmi mes amis des citoyens bien intentionnés, mais timides, qui déplorent les excès de la parole et de la presse, et se plaignent de la violence de langage de certains journaux. Je ne suis partisan d'aucune violence. J'aime la discussion, parce que du choc des idées jaillit la lumière, mais la discussion calme et sans passion. Du jour, du reste, où les nombreux abus qui existent auront disparu, ces violences n'auront plus leur raison d'être ; la colère, car la colère et la violence sont sœurs, ne vient absolument que de la résistance aveugle et obstinée du pouvoir qui se refuse aux concessions légitimes qu'on lui demande et aux réformes indispensables.

Supprimez la cause, vous supprimez l'effet ; il est évident que du jour où les armées permanentes auront disparu, nous ne nous en plaindrons plus, et il en sera tout naturellement de même pour les autres plaies sociales.

Puisque j'ai pris la liberté d'écrire à mes risques et périls, je dois nécessairement dire toute ma façon de penser sur les imperfections de notre société que je connais et que je désirerais voir disparaître en attendant le jour de la grande rénovation sociale; je ne vois qu'une chose, ce sont les souffrances morales et matérielles de l'espèce humaine, et si l'Empire, à son déclin, venait alléger ces souffrances, je lui en saurais certainement gré, malgré mon peu de sympathie pour lui : j'accepte le bien de quelque part qu'il vienne, car ceux qui souffrent n'ont pas le temps d'attendre.

Le problème que je désirerais voir résoudre est très-ardu et très-complexe, mais enfin il n'est pas insoluble et il doit y avoir des moyens pour parvenir à sa solution sinon complète du moins partielle ; je veux parler de la position de la femme pauvre dans la société et surtout dans les villes. Vraiment, cette position est abominable et exige des remèdes efficaces; comment ! l'ouvrière ne peut gagner par son salaire de quoi suffire à ses besoins? comment! elle est obligée d'oublier ses devoirs pour vivre? Il y a là une question économique et sociale très-sérieuse à étudier et que je recommande d'une façon toute particulière à l'attention de nos législateurs. La suppression des armées permanentes, qui diminuerait considérablement le nombre des célibataires, et le mariage des prêtres tendraient beaucoup à diminuer le mal ou à l'atténuer, en grande partie du moins.

La famille est une des bases de la société; le célibat est immoral; la reproduction est une des lois de la nature : c'est un devoir pour nous d'avoir des enfants ; mais beaucoup de femmes, qui auraient été d'excellentes mères de famille, deviennent des courtisanes, parce qu'elles manquent de maris et que leur salaire est insuffisant pour vivre.

Ils sont absents, ces maris, ils sont sous les drapeaux ou au séminaire; leur place ne doit pas être là, elle doit être au foyer domestique, au milieu de leurs femmes et de leurs enfants.

Les questions morales et matérielles se relient ensemble, les unes influent considérablement sur les autres; soignez le moral d'une société, vous soignerez ses intérêts matériels.

Pourquoi, par exemple, n'aurions-nous pas partout des chaires de philosophie où l'on enseignerait au peuple les principes de la morale et de la raison pure et où l'on expliquerait et commenterait les lois? Nul n'est censé ignorer la loi, dit-on. mais c'est une plaisanterie; comment voulez-vous que je sache ce que je n'ai pas appris ?

Multiplier et encourager les conférences littéraires est aussi le devoir d'un bon gouvernement, mais il faut que l'Etat en prenne l'initiative et paye les professeurs. Ce sera de l'argent bien dépensé et mieux placé que celui employé à la subvention des théâtres (je fais exception tout naturellement pour quelques-uns) mais je veux parler de ceux où l'on joue les drames, pièces dans lesquelles on exagère outre mesure le vice ou la vertu; et quand le public sort de là, il a entendu toutes sortes de choses, excepté la vérité, et rien ne reste dans son imagination, que des erreurs de toutes sortes greffées sur la bouffonnerie et le ridicule.

Quand l'on aura des conférences accessibles à tout le monde, quand des hommes éloquents de voix et d'organe réciteront devant des assemblées les beaux vers de Corneille, de Racine et de Voltaire, les Cafés-Concerts deviendront déserts ou ils changeront leur programme; *Mérope, Cinna, Zaïre* et tous les chefs-d'œuvre de notre répertoire ancien et nouveau auront la préférence sur la *Femme à Barbe* et sur le *Sapeur*; les bonnes choses l'emporteront sur les mauvaises et rejouiront l'esprit et le cœur. Il nous restera quelque chose de ce que nous aurons entendu, le peuple aura le culte du beau et refusera de voir les productions malsaines, ces chansonnettes comiques que l'on pourrait plutôt appeler tragiques, où il est de règle d'applaudir à la trahison d'un mari par sa femme et d'en rire.

Elevez le niveau moral des peuples, Messieurs les gouvernants, faites étudier sérieusement les questions économiques et sociales. Etudiez-les vous-mêmes, vous aurez bien mérité de l'humanité, cela vaudra mieux que de vous attacher à des haillons usés ou à des principes surannés. La question est palpitante d'actualité; le vent du progrès souffle avec une force extrême et renversera quand-même tous les abus, mais ayez le bon sens de marcher avec le courant d'air, et ne cherchez pas à le maîtriser : il vous briserait.

A chaque pas que l'on fait dans l'examen gouvernemental, on trouve de ces choses qui font hurler le bon sens. Comment! vous donnez la croix d'honneur à un homme qui a tué son semblable et vous donnez une simple médaille d'or ou d'argent à celui qui l'a sauvé ? N'est-ce pas dérisoire, et toutes les notions de la justice et de la raison ne sont-elles pas renversées dans la circonstance? Sauver son semblable, lui donner encore une fois la vie, mais l'homme qui a fait une action pareille devrait passer à la postérité.

Ainsi, voilà la situation : l'on récompense et l'on honore une action brutale et sauvage, et pour une action intelligente et noble, l'on a presque de l'indifférence.

Signaler les vices d'une société dont on fait partie est un devoir. Je remplis le mien, sans m'occuper du qu'en dira-t-on. La critique ne me fait pas peur. Je sais que les idées que j'exprime sont sympathiques à tous ceux qui me connaissent.

Politique, chose publique autrefois, quand l'on s'en occupait, quand nous nous permettions de nous occuper de nos propres affaires, on était mis à l'index : comprenez-vous cette audace de vouloir que l'on ne gaspille pas le sang et l'argent de la France, ce qui est à nous, ce dont nous sommes les légitimes propriétaires, c'était purement et simplement ridicule.

C'était comme cela ; aujourd'hui, les temps sont changés : nous voulons que l'on nous rende des comptes et qu'on n'envoie plus nos enfants à la boucherie. C'est notre droit ; nous l'exercerons rigou-reusement.

La croquemitaine anarchie et le fameux spectre rouge sont usés. Le désordre, ce sont les abus; l'ordre, c'est le progrès incessant et continuel; désormais, nous n'aurons plus besoin d'être sauvés par des gens qui se font payer très-cher et qui font mal leur besogne : nous nous sauverons nous-mêmes, et nous n'en serons pas plus pauvres pour cela.

Quand ce changement viendra, tous les intérêts seront respec-tés ; il n'y aura point de chômage ni de luttes fratricides, parce que chacun apportera sa pierre à l'édifice commun et que tous nous au-rons intérêt à la concorde. Les riches et les pauvres, les patrons et les ouvriers, nous serons tous unis, parce que nos intérêts sont so-lidaires, et que, pour prospérer, il nous faut la tranquillité quand même. Des ennemis, il n'y en aura plus, pas plus sur la terre fran-çaise que sur la terre étrangère. La République n'ira pas chercher à prendre un lambeau de territoire à ses voisins, ni à faire de la propagaude révolutionnaire par la force. Les chemins de fer et la télégraphie électrique, ces puissants leviers, feront plus à eux seuls que des armées innombrables, et un jour viendra où les Etats-Unis de l'Europe n'auront plus rien à envier aux Etats-Unis d'Amérique. On a bien fait, du reste, l'unité française, pourquoi ne ferait-on pas l'unité européenne?

Chaque vacance sur les trônes ne sera pas remplacée. Les chefs d'Etat auront le bon sens de comprendre que leur règne est fini et que celui de la raison commence.

Propriétaires, capitalistes, rentiers, commerçants, la peur est mauvaise conseillère. Vous avez cru, en 1851, éviter un abîme en acceptant le régime du sabre. Vous en avez creusé un autre plus profond. Mais nous le comblerons à la satisfaction de tout le monde. Vous resterez parmi nous; vous laisserez votre argent dans les affaires, et il fructifiera comme par le passé, mieux que par le passé, parce que vous n'aurez plus de crise politique à craindre et que la mort d'un homme n'influera en rien sur les intérêts financiers et commerciaux, puisque cet homme sera remplacé par un autre, rien que par le jeu naturel des institutions, et cela sans secousse, sans trouble, sans perturbation. C'est un rouage de la mécanique qui aura cassé; le peuple, ce grand serrurier, en mettra un autre, et tout sera dit.

Point de préjugés! La République de l'avenir n'a rien de commun avec ses devancières. La première avait contre elle les rois de l'Europe; la deuxième avait comme adversaire la légende napoléonienne. Ces obstacles n'existent plus; les peuples ne seront plus les auxiliaires des trônes, et nous imiteront. Quant au nom de Napoléon, quant à cette immense erreur propagée par des poëtes et des historiens aveugles, elle a fait son temps et n'exercera plus sa pernicieuse influence, son souvenir, car il existera, rappellera celui d'Attila, surnommé le Fléau de Dieu,

Les idées théoriques que j'exprime d'autre part tomberont certainement dans le domaine des faits, et quant à l'argent, quant au capital, qui est au mouvement des affaires ce que la vapeur est à la locomotive, les critiques des successeurs de Proudhon ne l'atteindront jamais. L'ouvrier qui ne possède pas est trop intelligent pour lui faire la guerre, car il se la ferait à lui-même, et, pour me servir d'une expression vulgaire, mais juste ; il cracherait en l'air pour que cela lui retombe sur le nez. L'argent est au corps social ce que le sang est au corps humain ; s'il ne circule pas, c'est la mort. Cette vérité, expression du simple bon sens, nous frappe en pleine figure. Insensés ou dupes sont ceux qui ne la comprendraient pas.

Du reste, dans la libre Amérique, où sont beaucoup de sommités au point de vue de l'intelligence, les idées dites socialistes ne sont pas en faveur et ne trouvent pas d'échos. Les Yankees, puisqu'on les appelle par ce nom, sont trop sérieux ; ils préfèrent la réalité à l'idéal et ne sacrifient pas la proie pour l'ombre, comme les ouvriers de 1848, qui prenaient Louis-Napoléon pour un socialiste, et se sont jetés dans ses bras (1).

Nos chefs d'école socialiste font donc fausse route. Je rends hommage à leurs bonnes intentions ; mais ils ne résoudront jamais un problème insoluble. La propriété et le capital ne s'acquièrent que par le travail : c'est presque toujours le fruit du labeur accumulé de plusieurs générations. Celui qui ne possède pas n'arrivera jamais que par le travail et l'épargne ; il n'y a pas d'autres moyens. Qu'on aide à l'ouvrier en lui donnant autant d'instruction qu'au riche ; qu'on ne l'envoie pas perdre son temps et sa santé pendant sept ans dans les casernes ou dans les camps, voilà des moyens pratiques et que l'on comprend, et il pourra, à un moment donné, arriver au succès comme les autres, mais qu'il le sache bien, en dehors de la conduite et du travail, point de salut, c'est-à-dire point de résultat.

C'est un fait triste à constater, mais c'est la vérité, et il appartient à l'histoire, le plus grand auxiliaire de l'Empire après Béranger, celui à qui il doit en grande partie sa réussite et son avénement,

(1) Dans les néfastes journées de juin, les ouvriers criaient : Vive Napoléon !

est un chef renommé de l'école socialiste de 1848, c'est Proudhon.
Les Journées de Juin ont été le prologue du coup d'Etat du 2 décembre; elles sont son œuvre, et sa mémoire en supportera la
terrible responsabilité. La propriété, c'est le vol, paradoxe infâme et
qui ne peut être éclos que dans un cerveau malade, mit le comble à
la terreur des possesseurs du sol et du capital; la confiance disparut,
et les ouvriers sans ouvrage et sans pain descendirent dans la rue.
On sait le reste, l'union qui existait entre la bourgeoisie et le peuple
se rompit, et la légende napoléonienne, accourant au pas de
course avec deux programmes dans sa poche, l'un pour le salon,
l'autre pour l'atelier, accapara les suffrages de tout le monde par
son prestige et par ses promesses.

Nous ne retomberons pas dans les mêmes travers : l'expérience
nous servira de leçon, vous bourgeois, qui étiez ouvriers avant
d'être bourgeois (je parle ici au nom de la classe ouvrière, car je
ne suis pas ouvrier), vous nous aiderez à faire comme vous. Si
nous avons votre aptitude et votre intelligence, mais nous ne
crierons plus après vous si vous avez un paletot, parce que nous
empêcherions nos frères les ouvriers tailleurs de travailler, et si
vous allez en voitures pour vos affaires ou pour vos plaisirs, nous
vous laisserons librement circuler, afin de ne pas porter obstacle
à la besogne des carrossiers.

A la génération actuelle appartiendra la gloire de finir la Révolution française, écrasée en germe par le talon de botte d'un
soldat; mais, ô mes concitoyens, rappelez-vous une chose, gravez-
la bien dans votre esprit, ayez-la bien présente à votre mémoire :
c'est que l'union de la bourgeoisie et du peuple est indispensable
au complément de votre œuvre, si vous voulez qu'elle s'accomplisse
entièrement.

Ce sont les divisions qui font les rois et les empereurs ; ce sont
les divisions qui, par deux fois, ont amené la dynastie napoléonienne. Les ignorants ou les malintentionnés auront beau, du reste,
évoquer contre nous les souvenirs du passé : les années se suivent
et ne se ressemblent pas. Jamais la période terrible de 1793 ne se

renouvellera ; du reste, l'échafaud n'existera plus, la peine de mort étant supprimée de nos codes. En même temps que nous supprimerons les rois, nous supprimerons aussi les bourreaux. Il n'appartient à qui que ce soit, d'après les lois naturelles, d'ôter la vie à son semblable. Quant aux propriétés particulières, la nation les mettra sous sa protection et les garantira de toute atteinte.

Empire de 1852, en fin de compte, qu'est-ce que vous demandez ! vous voulez un bill d'indemnité, un vote de confiance, vous ne l'obtiendrez pas à Paris ni dans les grands centres où jaillit la lumière ; vous n'aurez que les votes de l'obscurité. Pourquoi, à vos derniers moments, venez-vous nous troubler dans notre tranquillité et dans nos travaux ! nous avons pour la plupart des enfants à élever, des familles à nourrir, et nous n'avons que faire de votre plébiscite, qui vient nous rappeler votre règne de dix-huit ans et les malheurs de toutes sortes qui en ont été la conséquence. Vous ne craignez pas, pour la satisfaction de votre amour-propre, de jeter l'agitation dans le pays et d'entraver les affaires, et, de nouveau, vous allez tirer de l'armoire le petit chapeau et la redingote grise ; mais ces vieux habits sont usés à force d'être mis en scène, et aujourd'hui on s'apercevrait à leur couleur qu'ils sont imprégnés du sang de toute une génération.

Empire de 1852, vous succombez sous le poids de vos propres fautes ; vous êtes à l'agonie ; vous avez peur de mourir, et vous venez nous demander un remède pour prolonger votre existence ; le peuple ne sera pas votre médecin ; il ne vous sauvera pas ; mais, comme il ne veut pas de révolution ni de secousse violente, vous mourrez de votre belle mort, dans un bon lit, entouré de vos amis et connaissances ; mais du jour où vous n'existerez plus, sachez bien que votre succession est ouverte et que nous ferons valoir nos droits.

Empire de 1852, empire de 1870, empire autoritaire, empire prétendu libéral, empire de l'avenir, nous ne voulons pas de vous sous aucune forme, parce que vous nous avez fait trop de mal et que vous nous en feriez encore. Votre passé nous empêche d'avoir confiance en vous. Si nous désirons la République, c'est parce que nous croyons, dans l'avenir, trouver dans cette forme de gouvernement la paix et la sécurité nécessaires au développement de la prospérité publique.

Nous connaissons du reste votre libéralisme ; il ne peut être sincère parce que l'empire et la liberté sont inconciliables et qu'ils ne feront jamais bon ménage ensemble.

Et puis est-ce que la démocratie peut faire des compromis avec vous? Vous avez fait vos preuves une nuit, vous la prendriez par derrière et vous l'étoufferiez comme vous l'avez déjà fait en décembre 1851.

La République de l'avenir ne sera pas la République des partageux, comme la calomnie veut bien l'insinuer aux campagnes : elle protégera au contraire la propriété et ne spoliera personne ; vous, empire, vous ne pouvez pas en dire autant; vous avez touché à la propriété d'autrui, car vous avez confisqué les biens de la famille d'Orléans, que la République avait respectés; vous n'auriez pas commis cet acte arbitraire si le roi Louis-Philippe avait laissé la justice suivre son cours en faisant exécuter la sentence de mort prononcée par la Cour des pairs contre une personne de votre connaissance.

Il faut en finir du reste avec ces imputations ridicules; la famille et la propriété sont des bases indiscutables de la société moderne ; personne ne pourra les ébranler, et quant à la religion, chacun sera libre de professer ses croyances religieuses comme il l'entendra.

Un homme qui croit sincèrement à Dieu est un honnête homme, personne ne lui disputera sa foi. La République n'exercera de persécution contre personne et ne veut pas connaître d'ennemis. Il n'y aura de proscrits que les gens qui conspireront contre le repos public, et pourquoi conspirer et qui donc conspirerait! les d'Orléans, allons donc! ils ont trop de bon sens pour cela; le règne de l'empire les dégoûtera à jamais de l'envie de régner, et ils aimeront mieux être de bons citoyens que de mauvais rois (*car la tache est originelle: un homme n'est pas pur quand il vient au monde, s'il a du sang royal ou impérial dans les veines*); mais vous vous laverez de cette tache, ô petits-fils de Philippe-Egalité, et vous viendrez vous asseoir parmi nous, au grand banquet de la fraternité humaine, auquel nous vous inviterons quand le moment sera venu.

Mais si les princes d'Orléans revenaient parmi nous, ils ne pourraient remplir aucune fonction militaire, la chair est faible et il faudra éviter la tentation, mais à part le poste de Président de notre république, qui leur sera formellement interdit, ils pourront remplir toute espèce de fonctions administratives ou civiles. Et, à la place de Joinville ou d'Aumale, je mettrais toute mon ambition à être élu maire de Saint-Cloud ou de Suresnes par le libre choix de mes concitoyens.

Venez donc à nous, vous tous qui que vous soyez, ouvriers bourgeois, soldats, enfants du peuple, ou enfants de prince, faibles et forts, pauvres et riches, venez vous abriter sous notre bannière, devant notre victoire (qui sera du reste celle de tous le monde); nous n'aurons contre personne ni haine, ni colères, ni rancunes. Nous ferons d'autres lois; nous changerons les principes; nous aurons d'autres législateurs et nous appellerons à concourir à l'œuvre commune tous les talents et toutes les vertus. Mais il n'y aura de persécution contre personne. La persécution, allons donc! mais avec la persécution, l'on fait des martyrs, (témoin Napoléon à Sainte-Hélène.)

Et nous ne voulons pas imiter les Rois!

VIVE LA RÉPUBLIQUE!

Après la mort de l'Empire.

Voilà ma réponse au plébiscite impérial.

Bercy-Paris, le 25 Avril 1870.

J. BINET,

Représentant de Commerce
Port de Bercy, 39, à PARIS-BERCY.

Paris. — Imp. de Dubuisson et C⁰, rue Coq-Héron, 5.

www.ingramcontent.com/pod-product-compliance
Lightning Source LLC
Chambersburg PA
CBHW051217050726

47594CB00007B/3255

L'Oison bridé;

REDEVANCE SINGULIÈRE

IMPOSÉE AUX MOINES DE SAINT-OUEN;

SENTENCE DU BAILLI DE ROUEN

RENDUE SUR CE SUJET.

Lettres Patentes

EN FAVEUR DE LA FAMILLE LALLEMANT,

DE ROUEN,

PORTANT QUE L'IMPRIMERIE

RESTERA DANS CETTE FAMILLE,

A TITRE DE PRIVILÉGE HÉRÉDITAIRE,

Sans déroger à la Noblesse.

✳

RECUEILLI ET PUBLIÉ

D'après les Registres de l'Hôtel-de-Ville et du Parlement
de Rouen,

PAR ANDRÉ POTTIER,
Conservateur de la Bibliothèque publique.

✳

ROUEN,
E. LE GRAND, ÉDITEUR.
RUE GANTERIE, 26.

1837.

PUBLICATION
DE LA REVUE DE ROUEN
ET DE LA NORMANDIE.

IMPRIMÉ PAR NICÉTAS PERIAUX
RUE DE LA VICOMTÉ, N° 55.